Guida al Riparazione Cellulari e Tecniche e Consigli per un Lavoro Professionale

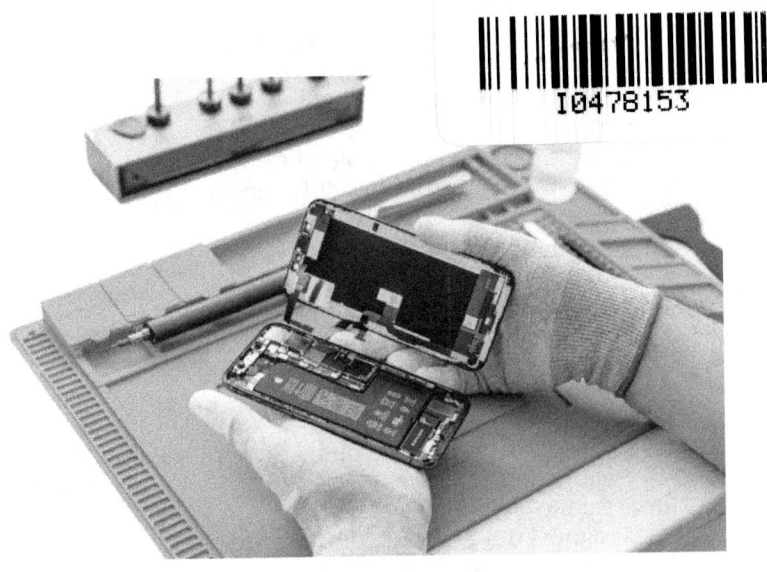

Indice

Introduzione
Guida al Riparazione degli Smartphone

1.1 Scopo del Manuale

Questo manuale è stato creato per fornire una guida dettagliata e comprensiva sulla riparazione degli smartphone. È destinato sia ai principianti che ai tecnici esperti, offrendo informazioni su vari aspetti della riparazione, dai tipi di smartphone agli strumenti necessari, fino alle precauzioni di sicurezza da adottare. Lo scopo è di facilitare la diagnosi e la risoluzione dei problemi comuni che possono presentarsi nei dispositivi mobili, migliorando così l'efficienza e la qualità delle riparazioni.

1.2 Panoramica sui Tipi di Smartphone

Gli smartphone possono essere suddivisi in diverse categorie in base a vari criteri come il sistema operativo, il design e le caratteristiche hardware. Le principali categorie includono:

• Sistemi Operativi: I due principali sistemi operativi per smartphone sono Android e iOS. Ogni sistema ha le sue peculiarità in termini di interfaccia utente, compatibilità delle applicazioni e procedure di riparazione.

• Design: Gli smartphone possono essere classificati in base al loro design, come modelli con schermo intero, con tastiera fisica, pieghevoli e a conchiglia.

• Caratteristiche Hardware: Questi includono la presenza di componenti come fotocamere multiple, scanner di impronte digitali, riconoscimento facciale, e diverse tipologie di processori e batterie.

1.3 Strumenti Essenziali per la Riparazione

Per effettuare riparazioni efficaci sugli smartphone, è necessario disporre di una serie di strumenti specifici. Ecco una lista degli strumenti essenziali:

• Cacciaviti di Precisione: Utilizzati per rimuovere le viti che fissano le parti interne ed esterne.

• Pinzette: Strumenti fondamentali per maneggiare piccoli componenti.

• Spatole e Leve di Plastica: Utilizzati per aprire i dispositivi senza danneggiare le parti delicate.

• Ventosa: Utile per rimuovere i display senza causare danni.

• Stazione di Saldatura: Necessaria per riparare o sostituire componenti elettronici sulla scheda madre.

- Multimetro: Strumento per misurare la continuità e la tensione nei circuiti.
- Stazione di Rilavorazione SMD: Utilizzata per saldare e dissaldare componenti superficiali.
- Kit di Apertura: Comprende vari strumenti per aprire e smontare lo smartphone.
- Tappetino Antistatico: Protegge i componenti elettronici dalle scariche elettrostatiche.

1.4 Precauzioni di Sicurezza

La riparazione degli smartphone comporta diversi rischi che possono essere minimizzati seguendo alcune precauzioni di sicurezza fondamentali:
- Scariche Elettrostatiche (ESD): Utilizzare un braccialetto antistatico e un tappetino antistatico per prevenire danni ai componenti elettronici.
- Utilizzo di Strumenti Adeguati: Assicurarsi di utilizzare gli strumenti giusti per ogni operazione per evitare danni ai componenti e lesioni personali.
- Ambiente di Lavoro: Lavorare in un'area ben illuminata e priva di polvere, con sufficiente ventilazione.
- Protezione Personale: Indossare occhiali di sicurezza e, se necessario, guanti per proteggersi da eventuali schegge di vetro o componenti taglienti.
- Disconnessione della Batteria: Prima di iniziare qualsiasi riparazione, assicurarsi di scollegare la batteria per prevenire cortocircuiti.
- Manipolazione della Batteria: Gestire le batterie con cura, evitando di forarle o schiacciarle, poiché potrebbero incendiarsi o esplodere.
- Manuale del Produttore: Seguire sempre le linee guida e le istruzioni fornite dal produttore del dispositivo per garantire una riparazione sicura ed efficace.

2. Diagnosi dei Problemi

La diagnosi dei problemi è una fase cruciale nella gestione e manutenzione dei sistemi. Essa permette di identificare e risolvere problemi in modo efficace, garantendo così il corretto funzionamento dei sistemi stessi. In questa sezione, esamineremo l'identificazione dei problemi comuni, l'uso degli strumenti di diagnosi e le procedure di test.

2.1 Identificazione dei Problemi Comuni

L'identificazione dei problemi comuni richiede una comprensione approfondita dei sintomi che possono indicare guasti o malfunzionamenti. Alcuni problemi comuni includono:

- Problemi di connettività di rete: perdita di connessione, bassa velocità di rete, errori di protocollo.
- Errori hardware: guasti nei componenti fisici come hard disk, RAM, schede madri.
- Problemi software: crash di applicazioni, errori di configurazione, problemi di compatibilità.
- Problemi di prestazioni: lentezza del sistema, utilizzo elevato della CPU o della memoria, colli di bottiglia nel sistema.
- Sicurezza: vulnerabilità, attacchi malware, accessi non autorizzati.

Identificare correttamente questi problemi richiede esperienza e spesso l'uso di strumenti diagnostici specifici.

2.2 Utilizzo degli Strumenti di Diagnosi

Gli strumenti di diagnosi sono essenziali per rilevare, analizzare e risolvere i problemi. Ecco alcuni degli strumenti più comuni:

- Software di monitoraggio della rete: Wireshark, Nagios, SolarWinds.
- Strumenti di diagnostica hardware: Memtest86 (per la RAM), CrystalDiskInfo (per gli hard disk).
- Strumenti di log e analisi: Logstash, Splunk, Elastic Stack.
- Utilità di sistema: Task Manager, Performance Monitor, Event Viewer (per Windows), top, htop, dmesg (per Linux).
- Strumenti di sicurezza: antivirus, scanner di vulnerabilità come Nessus, strumenti di intrusion detection come Snort.

L'uso efficace di questi strumenti permette di identificare rapidamente la causa dei problemi e di intraprendere le azioni correttive necessarie.

2.3 Procedure di Test

Le procedure di test sono fondamentali per convalidare le soluzioni ai problemi identificati e per garantire che i sistemi funzionino correttamente. Le procedure di test possono includere:

- Test di unità: verificare il corretto funzionamento di singole componenti hardware o software.
- Test di integrazione: assicurarsi che diverse componenti funzionino correttamente insieme.
- Test di sistema: eseguire test completi sul sistema per assicurarsi che tutti gli aspetti funzionino come previsto.
- Test di regressione: verificare che nuove modifiche non abbiano introdotto nuovi problemi.
- Test di prestazioni: valutare la velocità, la stabilità e la scalabilità del sistema sotto vari carichi.
- Test di sicurezza: verificare la resistenza del sistema a possibili attacchi e vulnerabilità.

Implementare un protocollo di test rigoroso aiuta a minimizzare i tempi di inattività e a mantenere l'affidabilità del sistema.

3. Smontaggio Generale

Lo smontaggio generale è una fase essenziale nella manutenzione e riparazione di vari dispositivi e sistemi. Consiste nel rimuovere correttamente i componenti di un sistema per effettuare la diagnosi, la riparazione o la sostituzione delle parti. Questa sezione descrive le tecniche di smontaggio, le precauzioni da adottare e fornisce esempi pratici di smontaggio di diversi modelli.

3.1 Tecniche di Smontaggio

Le tecniche di smontaggio variano a seconda del dispositivo o del sistema su cui si sta lavorando, ma alcune tecniche generali includono:

- Lettura dei manuali: Consultare sempre il manuale del produttore per comprendere le istruzioni specifiche e gli strumenti necessari per lo smontaggio.
- Utilizzo di strumenti appropriati: Utilizzare cacciaviti, pinze, estrattori e altri strumenti adeguati per evitare danni ai componenti.
- Organizzazione dei componenti: Mantenere organizzati i componenti smontati, utilizzando contenitori etichettati o un tappetino magnetico per evitare di perdere viti e piccoli pezzi.

- Documentazione del processo: Fare foto o prendere appunti durante ogni fase dello smontaggio per facilitare il rimontaggio.
- Sequenza logica: Seguire una sequenza logica e ordinata nello smontaggio, generalmente dall'esterno verso l'interno.

3.2 Precauzioni Durante lo Smontaggio

Durante lo smontaggio, è importante prendere alcune precauzioni per evitare danni ai componenti e per garantire la sicurezza personale:
- Disconnettere l'alimentazione: Prima di iniziare, assicurarsi che il dispositivo sia scollegato dalla rete elettrica o che la batteria sia rimossa.
- Scaricare l'elettricità statica: Utilizzare un braccialetto antistatico o toccare una superficie metallica per evitare danni ai componenti elettronici sensibili.
- Indossare dispositivi di protezione: Utilizzare guanti e occhiali di protezione per prevenire lesioni.
- Manipolare con cura: Evitare di esercitare troppa forza sui componenti, in particolare su quelli fragili come connettori e cavi.
- Evitare ambienti polverosi: Lavorare in un ambiente pulito per evitare che polvere e detriti entrino nei componenti.

3.3 Smontaggio di Diversi Modelli (Esempi Pratici)

Ogni dispositivo ha specifiche particolarità di smontaggio. Ecco alcuni esempi pratici per diversi modelli comuni:

3.3.1 Smontaggio di un Laptop

1. Preparazione: Scollegare il laptop dall'alimentazione e rimuovere la batteria.
2. Rimozione della tastiera: Utilizzare un cacciavite per rimuovere le viti sul retro e sganciare la tastiera con delicatezza.
3. Rimozione del disco rigido e della RAM: Rimuovere le coperture del disco rigido e della RAM, quindi estrarre i componenti.
4. Accesso alla scheda madre: Continuare rimuovendo le viti rimanenti e sganciare il coperchio inferiore per accedere alla scheda madre.

3.3.2 Smontaggio di uno Smartphone

1.   Spegnere e scollegare: Assicurarsi che lo smartphone sia spento e scollegato da qualsiasi fonte di alimentazione.

2.   Rimozione della cover posteriore: Utilizzare uno strumento di plastica per sganciare delicatamente la cover posteriore.

3.   Disconnessione della batteria: Rimuovere le viti e i connettori per scollegare e rimuovere la batteria.

4.   Accesso ai componenti interni: Continuare rimuovendo le viti e i connettori per accedere a componenti come la scheda logica, la fotocamera e il display.

3.3.3 Smontaggio di un Desktop

1.   Spegnere e scollegare: Scollegare il desktop dalla rete elettrica.

2.   Rimozione del pannello laterale: Utilizzare un cacciavite per rimuovere le viti e far scorrere il pannello laterale.

3.   Rimozione dei componenti interni: Estrarre con attenzione la scheda grafica, le RAM, i dischi rigidi e altri componenti interni, seguendo una sequenza logica.

4. Riparazione del Display

La riparazione del display è una delle operazioni più comuni e complesse nella manutenzione dei dispositivi elettronici, come smartphone, tablet e laptop. In questa sezione, discuteremo le diverse tipologie di schermi, la sostituzione del vetro, la risoluzione dei problemi del touch screen e la calibrazione del display.

4.1 Tipologie di Schermi (LCD, OLED)

I due principali tipi di schermi utilizzati nei dispositivi elettronici sono gli schermi LCD (Liquid Crystal Display) e gli schermi OLED (Organic Light Emitting Diode).

- LCD (Liquid Crystal Display):
  - Principio di funzionamento: Utilizzano cristalli liquidi e una retroilluminazione a LED per produrre immagini.
  - Pro: Costi di produzione più bassi, buona visibilità alla luce solare.
  - Contro: Angoli di visualizzazione più limitati, minore contrasto rispetto agli OLED.
- OLED (Organic Light Emitting Diode):
  - Principio di funzionamento: Utilizzano materiali organici che emettono luce quando attraversati da corrente elettrica, non necessitano di retroilluminazione.
  - Pro: Migliore qualità dell'immagine, colori più vividi, neri più profondi, angoli di visualizzazione più ampi.
  - Contro: Costi di produzione più alti, potenziale di burn-in (persistenza delle immagini statiche).

4.2 Sostituzione del Vetro

La sostituzione del vetro del display è un'operazione delicata che richiede attenzione e precisione. Ecco i passaggi generali:

1. Preparazione:
   - Spegnere il dispositivo e scollegarlo da qualsiasi fonte di alimentazione.
   - Rimuovere la batteria (se possibile) per evitare cortocircuiti.
2. Rimozione del vetro rotto:
   - Utilizzare una pistola ad aria calda per ammorbidire l'adesivo che fissa il vetro al display.
   - Con un attrezzo di plastica, sollevare delicatamente il vetro rotto, facendo attenzione a non danneggiare il display sottostante.
3. Pulizia del display:
   - Rimuovere eventuali residui di adesivo e frammenti di vetro dal display.

o   Pulire il display con un panno in microfibra e un detergente adatto.

4.   Installazione del nuovo vetro:

o   Applicare un nuovo strato di adesivo sul perimetro del display.

o   Posizionare il nuovo vetro sul display, assicurandosi che sia allineato correttamente.

o   Premere delicatamente il vetro per far aderire l'adesivo.

5.   Rimontaggio:

o   Riassemblare il dispositivo seguendo i passaggi inversi dello smontaggio.

o   Accendere il dispositivo e verificare il corretto funzionamento del display.

4.3 Risoluzione dei Problemi del Touch Screen

Quando il touch screen non funziona correttamente, è importante identificare la causa del problema. Ecco alcuni passaggi per la risoluzione dei problemi:

1.   Verifica fisica:

o   Controllare se ci sono danni visibili, come crepe o graffi sul touch screen.

o   Assicurarsi che il touch screen sia pulito e privo di sporco o impronte digitali.

2.   Riavvio del dispositivo:

o   Spegnere e riaccendere il dispositivo per vedere se il problema persiste.

3.   Aggiornamenti software:

o   Verificare la presenza di aggiornamenti del sistema operativo o del firmware che potrebbero risolvere problemi noti.

4.   Calibrazione del touch screen:

o   Alcuni dispositivi permettono la calibrazione del touch screen tramite impostazioni software o app dedicate.

5.   Risoluzione dei conflitti hardware:

o   Disconnettere eventuali accessori collegati al dispositivo per vedere se uno di essi causa il problema.

6.   Ripristino delle impostazioni di fabbrica:

o   Se il problema persiste, eseguire un backup dei dati e ripristinare il dispositivo alle impostazioni di fabbrica.

4.4 Calibrazione del Display

La calibrazione del display è importante per assicurare che i colori e la sensibilità del touch screen siano corretti. I passaggi generali per la calibrazione sono:

1.   Accesso alle impostazioni di calibrazione:
o   Andare nelle impostazioni del dispositivo e cercare le opzioni di display o touch screen.
2.   Utilizzo di strumenti di calibrazione:
o   Alcuni dispositivi offrono strumenti integrati per la calibrazione del touch screen e del display.
o   Seguire le istruzioni sullo schermo per completare il processo di calibrazione.
3.   Utilizzo di software di terze parti:
o   Per una calibrazione più precisa, è possibile utilizzare software di terze parti che offrono funzioni avanzate di calibrazione.
4.   Verifica dei risultati:
o   Dopo la calibrazione, testare il display e il touch screen per assicurarsi che funzionino correttamente e che i colori siano accurati.

La riparazione del display richiede competenze tecniche e attenzione ai dettagli. Seguendo queste linee guida, è possibile eseguire riparazioni efficaci e mantenere i dispositivi in ottime condizioni di funzionamento.

Riparazione della Batteria

5.1 Diagnosi dei Problemi di Batteria

La diagnosi dei problemi della batteria è il primo passo per determinare se è necessaria una riparazione o una sostituzione. Alcuni problemi comuni includono:

- Bassa durata della batteria: La batteria si scarica rapidamente rispetto al normale.
- Surriscaldamento: La batteria si surriscalda durante l'uso o la ricarica.
- Rigenerazione lenta o mancata ricarica: La batteria impiega troppo tempo per caricarsi o non si carica affatto.
- Spegnimento improvviso: Il dispositivo si spegne improvvisamente anche con la batteria apparentemente carica.

Strumenti e metodi di diagnosi:

- App di monitoraggio della batteria: Utilizzare app come BatteryInfo (Android) o CoconutBattery (macOS) per verificare lo stato di salute della batteria.

- Test manuale: Osservare il comportamento della batteria durante l'uso e la ricarica.
- Multimetro: Utilizzare un multimetro per misurare la tensione e la corrente della batteria.

5.2 Tecniche di Sostituzione

La sostituzione della batteria può variare a seconda del tipo di dispositivo. Ecco i passaggi generali per la sostituzione:

1. Preparazione:
o Spegnere il dispositivo e scollegarlo dalla fonte di alimentazione.
o Se possibile, rimuovere il coperchio posteriore e la batteria esistente.

2. Rimozione della batteria:
o In dispositivi con batterie integrate, utilizzare strumenti di apertura in plastica per rimuovere il coperchio posteriore.
o Scollegare con attenzione il connettore della batteria dalla scheda madre.
o Utilizzare una pistola ad aria calda o un panno riscaldato per ammorbidire l'adesivo che fissa la batteria (se applicabile).
o Sollevare con attenzione la batteria utilizzando una scheda di plastica o un altro strumento non metallico.

3. Installazione della nuova batteria:
o Posizionare la nuova batteria nello stesso alloggiamento della vecchia.
o Ricollegare il connettore della batteria alla scheda madre.
o Se necessario, applicare nuovo adesivo per fissare la batteria in posizione.

4. Rimontaggio:
o Riassemblare il dispositivo seguendo i passaggi inversi dello smontaggio.
o Accendere il dispositivo e verificare che la batteria funzioni correttamente.

5.3 Problemi di Ricarica

I problemi di ricarica possono essere causati da vari fattori. Ecco come risolverli:

- Cavo di ricarica danneggiato: Verificare il cavo e sostituirlo se danneggiato.
- Caricatore difettoso: Provare un altro caricatore compatibile.
- Porta di ricarica sporca: Pulire la porta di ricarica con aria compressa o uno spazzolino morbido.

- Problemi software: Aggiornare il software del dispositivo o eseguire un ripristino delle impostazioni di fabbrica.

Riparazione dei Connettori e delle Porte
6.1 Connettore di Ricarica

La riparazione del connettore di ricarica è un'operazione delicata. Ecco i passaggi generali:

1. Diagnosi:
o   Verificare che il problema non sia causato dal cavo o dal caricatore.
o   Ispezionare il connettore per eventuali danni fisici o accumuli di sporco.
2. Smontaggio:
o   Spegnere il dispositivo e rimuovere il coperchio posteriore.
o   Rimuovere la batteria (se possibile) e altri componenti necessari per accedere al connettore di ricarica.
3. Sostituzione:
o   Saldare con attenzione il vecchio connettore dalla scheda madre.
o   Saldare il nuovo connettore in posizione, assicurandosi che tutte le connessioni siano solide e prive di cortocircuiti.
4. Rimontaggio:
o   Riassemblare il dispositivo e verificare che il connettore di ricarica funzioni correttamente.

6.2 Porte Audio

La riparazione delle porte audio segue una procedura simile a quella del connettore di ricarica:

1. Diagnosi:
o   Testare le cuffie o gli altoparlanti con altri dispositivi per assicurarsi che funzionino correttamente.
o   Ispezionare la porta audio per eventuali danni o accumuli di sporco.
2. Smontaggio e sostituzione:
o   Spegnere il dispositivo e rimuovere il coperchio posteriore.

o   Rimuovere i componenti necessari per accedere alla porta audio.
o   Saldare la nuova porta audio in posizione.
3.   Rimontaggio:
o   Riassemblare il dispositivo e testare la porta audio con diverse periferiche.

6.3 Porte USB

La riparazione delle porte USB richiede precisione:
1.   Diagnosi:
o   Verificare che il problema non sia causato dal cavo o dal dispositivo USB.
o   Ispezionare la porta USB per eventuali danni fisici.
2.   Smontaggio e sostituzione:
o   Spegnere il dispositivo e rimuovere il coperchio posteriore.
o   Rimuovere i componenti necessari per accedere alla porta USB.
o   Saldare la nuova porta USB in posizione, assicurandosi che tutte le connessioni siano solide.
3.   Rimontaggio:
o   Riassemblare il dispositivo e testare la porta USB con diversi dispositivi.
Seguendo queste linee guida, è possibile eseguire riparazioni efficaci sui componenti più comuni dei dispositivi elettronici, migliorando la loro funzionalità e durata.

Riparazione della Scheda Madre
7.1 Diagnosi dei Problemi

La scheda madre è il componente centrale di qualsiasi dispositivo elettronico, collegando e permettendo la comunicazione tra tutti gli altri componenti. I problemi possono manifestarsi in diversi modi:
•   Nessun segnale di alimentazione: Il dispositivo non si accende.
•   Riavvii casuali: Il dispositivo si riavvia senza preavviso.
•   Componenti non funzionanti: Alcuni componenti (RAM, GPU, etc.) non vengono rilevati.
•   Errori di BIOS: Problemi di avvio o messaggi di errore durante il POST.
Strumenti di diagnosi:
•   Multimetro: Per testare continuità e tensioni sui componenti della scheda.

- Oscilloscopio: Per analizzare i segnali elettronici e identificare eventuali anomalie.
- Software di diagnostica: Programmi che verificano la salute della scheda madre e dei componenti collegati.

7.2 Tecniche di Riparazione

La riparazione della scheda madre richiede competenze avanzate in saldatura e una buona conoscenza dei circuiti elettronici.

1. Ispezione visiva: Controllare la scheda per segni di bruciature, condensatori gonfi o componenti fisicamente danneggiati.
2. Riparazione delle tracce: Utilizzare fili sottili per riparare tracce danneggiate o interrotte sulla scheda.
3. Sostituzione dei componenti: Saldare nuovi condensatori, resistori o altri componenti danneggiati.
4. Reflow: Riscaldare il chip grafico o il processore per ripristinare le connessioni saldate (operazione ad alto rischio).

7.3 Sostituzione della Scheda Madre

La sostituzione della scheda madre può essere necessaria se la riparazione non è possibile.

1. Preparazione: Spegnere e scollegare il dispositivo. Rimuovere tutte le connessioni e i componenti collegati alla scheda madre.
2. Rimozione: Svitare le viti che fissano la scheda madre al telaio. Rimuovere con attenzione la scheda madre.
3. Installazione della nuova scheda: Posizionare la nuova scheda madre nel telaio e fissarla con le viti. Ricollegare tutti i componenti e le connessioni.
4. Test: Accendere il dispositivo e verificare che tutto funzioni correttamente.

Riparazione della Fotocamera
8.1 Fotocamera Anteriore

La fotocamera anteriore è spesso utilizzata per selfie e videochiamate.

1. Diagnosi: Verificare se la fotocamera non funziona o se ci sono problemi di qualità dell'immagine.
2. Smontaggio: Rimuovere il coperchio posteriore e scollegare la fotocamera anteriore dalla scheda madre.

3.   Sostituzione: Installare un nuovo modulo fotocamera e ricollegarlo alla scheda madre.

8.2 Fotocamera Posteriore

La fotocamera posteriore è utilizzata per la maggior parte delle fotografie e video.

1.   Diagnosi: Problemi comuni includono immagini sfocate, errori della fotocamera o malfunzionamenti.

2.   Smontaggio: Rimuovere il coperchio posteriore e scollegare il modulo fotocamera dalla scheda madre.

3.   Sostituzione: Inserire un nuovo modulo fotocamera e ricollegarlo alla scheda madre.

8.3 Sostituzione dei Moduli Fotocamera

1.   Preparazione: Spegnere il dispositivo e scollegarlo dalla fonte di alimentazione.

2.   Rimozione del vecchio modulo: Utilizzare strumenti di plastica per scollegare il modulo fotocamera dalla scheda madre.

3.   Installazione del nuovo modulo: Posizionare e collegare il nuovo modulo fotocamera alla scheda madre. Rimontare il dispositivo e testare la fotocamera.

Riparazione degli Altoparlanti e dei Microfoni
9.1 Problemi Audio

I problemi audio possono includere assenza di suono, suono distorto o volume basso.

1.   Diagnosi: Utilizzare app di test audio per identificare se il problema riguarda gli altoparlanti o i microfoni.

2.   Ispezione visiva: Controllare per eventuali danni fisici o sporco nei componenti.

9.2 Sostituzione degli Altoparlanti

1.   Smontaggio: Rimuovere il coperchio posteriore del dispositivo.

2.   Rimozione degli altoparlanti: Scollegare e rimuovere gli altoparlanti difettosi.

3.   Installazione dei nuovi altoparlanti: Collegare e fissare i nuovi altoparlanti. Rimontare il dispositivo e testare l'audio.

9.3 Sostituzione dei Microfoni

1.   Smontaggio: Rimuovere il coperchio posteriore del dispositivo.

2.   Rimozione del microfono: Scollegare e rimuovere il microfono difettoso.

3.   Installazione del nuovo microfono: Collegare e fissare il nuovo microfono. Rimontare il dispositivo e testare la registrazione audio.

Riparazione dei Tasti Fisici

10.1 Tasto di Accensione

1.   Diagnosi: Verificare se il tasto non risponde o è danneggiato.

2.   Smontaggio: Rimuovere il coperchio posteriore e scollegare il tasto di accensione dalla scheda madre.

3.   Sostituzione: Installare un nuovo tasto di accensione e ricollegarlo alla scheda madre.

10.2 Tasti del Volume

1.   Diagnosi: Verificare se i tasti del volume non rispondono o sono danneggiati.

2.   Smontaggio: Rimuovere il coperchio posteriore e scollegare i tasti del volume dalla scheda madre.

3.   Sostituzione: Installare nuovi tasti del volume e ricollegarli alla scheda madre.

10.3 Altri Tasti (Home, Back, etc.)

1.   Diagnosi: Verificare se i tasti non rispondono o sono danneggiati.

2.   Smontaggio: Rimuovere il coperchio posteriore e scollegare i tasti dalla scheda madre.

3.   Sostituzione: Installare nuovi tasti e ricollegarli alla scheda madre. Rimontare il dispositivo e testare i tasti.

Seguendo queste linee guida, è possibile eseguire riparazioni accurate e sicure sui componenti interni dei dispositivi elettronici, assicurando un funzionamento ottimale e prolungando la vita utile dei dispositivi stessi.

Riparazione del Sensore di Impronte Digitali

11.1 Diagnosi dei Problemi

I problemi con il sensore di impronte digitali possono includere l'incapacità di rilevare le impronte digitali o un funzionamento irregolare.

1.   Verifica delle impostazioni: Assicurarsi che il sensore sia abilitato e configurato correttamente nelle impostazioni del dispositivo.

2.   Pulizia del sensore: Pulire delicatamente il sensore per rimuovere eventuali residui o sporco che potrebbero ostacolare il rilevamento delle impronte digitali.

3.   Aggiornamenti software: Verificare se sono disponibili aggiornamenti del software che potrebbero risolvere problemi noti con il sensore.

11.2 Sostituzione del Sensore

Se la diagnosi indica che il sensore di impronte digitali è danneggiato e la pulizia o gli aggiornamenti del software non risolvono il problema, potrebbe essere necessario sostituirlo.

1. Smontaggio: Rimuovere il coperchio posteriore e accedere al sensore di impronte digitali.
2. Scollegamento: Scollegare il cavo flessibile del sensore dalla scheda madre.
3. Rimozione: Rimuovere il sensore difettoso con attenzione.
4. Installazione del nuovo sensore: Collegare il nuovo sensore alla scheda madre e fissarlo nella sua posizione.
5. Rimontaggio: Ricollegare il coperchio posteriore e verificare che il nuovo sensore funzioni correttamente.

Riparazione dei Sensori di Prossimità e di Luce
12.1 Problemi Comuni

I sensori di prossimità e di luce possono smettere di funzionare correttamente, causando problemi come schermi che non si spengono durante le chiamate o regolazioni improprie della luminosità dello schermo.

1. Verifica delle impostazioni: Controllare se i sensori sono abilitati e configurati correttamente nelle impostazioni del dispositivo.
2. Pulizia dei sensori: Pulire delicatamente i sensori per rimuovere eventuali sporco o residui che potrebbero interferire con il loro funzionamento.
3. Aggiornamenti software: Verificare se sono disponibili aggiornamenti del software che potrebbero risolvere problemi noti con i sensori.

12.2 Sostituzione dei Sensori

Se i problemi persistono nonostante la pulizia e gli aggiornamenti del software, potrebbe essere necessario sostituire i sensori.

1. Smontaggio: Rimuovere il coperchio posteriore e accedere ai sensori di prossimità e di luce.
2. Scollegamento: Scollegare i cavi flessibili dei sensori dalla scheda madre.

3.	Rimozione: Rimuovere i sensori difettosi con attenzione.

4.	Installazione dei nuovi sensori: Collegare i nuovi sensori alla scheda madre e fissarli nella loro posizione.

5.	Rimontaggio: Ricollegare il coperchio posteriore e verificare che i nuovi sensori funzionino correttamente.

Riparazione del Vetro Posteriore
13.1 Rimozione del Vetro Danneggiato

1.	Scaldamento: Utilizzare una pistola ad aria calda per riscaldare il vetro posteriore e ammorbidire l'adesivo che lo tiene in posizione.

2.	Sollevamento: Utilizzare uno strumento piatto e sottile per sollevare il vetro posteriore delicatamente.

3.	Pulizia: Rimuovere eventuali residui di adesivo sul telaio del dispositivo.

13.2 Installazione del Nuovo Vetro

1.	Preparazione: Applicare nuovo adesivo sul telaio del dispositivo.

2.	Posizionamento: Posizionare il nuovo vetro posteriore sul telaio con attenzione, allineandolo correttamente.

3.	Pressatura: Premere delicatamente il vetro posteriore per far aderire l'adesivo al telaio.

4.	Rimontaggio: Ricollegare il coperchio posteriore e verificare che il nuovo vetro sia fissato saldamente.

Riparazione dell'Antenna

14.1 Problemi di Segnale

I problemi di segnale possono essere causati da un'antenna danneggiata o mal funzionante.

1.	Diagnosi: Verificare se il problema è generalizzato o limitato a determinate aree o condizioni.

2.	Ispezione visiva: Controllare l'antenna per eventuali danni fisici o connessioni scollegate.

14.2 Sostituzione dell'Antenna

1.	Smontaggio: Rimuovere il coperchio posteriore e individuare l'antenna difettosa.

2.	Scollegamento: Scollegare l'antenna dalla scheda madre.

3.	Rimozione: Rimuovere l'antenna difettosa e sostituirla con una nuova.

4. Installazione della nuova antenna: Collegare la nuova antenna alla scheda madre e fissarla nella sua posizione.

5. Rimontaggio: Ricollegare il coperchio posteriore e verificare che il segnale sia migliorato.

Riparazione del Connettore SIM Card

15.1 Problemi di Lettura SIM

I problemi di lettura della SIM possono essere causati da un connettore danneggiato o da contatti sporchi.

1. Diagnosi: Verificare se la SIM è danneggiata o se il problema è con il dispositivo.

2. Pulizia: Pulire delicatamente il connettore SIM e la scheda SIM con aria compressa o un panno pulito.

3. Ispezione visiva: Controllare il connettore per eventuali danni fisici o piegature.

15.2 Sostituzione del Connettore

1. Smontaggio: Rimuovere il coperchio posteriore e individuare il connettore SIM.

2. Scollegamento: Scollegare il connettore dalla scheda madre.

3. Rimozione: Rimuovere il connettore difettoso e sostituirlo con uno nuovo.

4. Installazione del nuovo connettore: Collegare il nuovo conn

Riparazione del Lettore di Schede SD

16.1 Problemi di Lettura SD

I problemi di lettura delle schede SD possono essere causati da contatti sporchi, danni ai connettori o problemi software.

1. Pulizia dei contatti: Pulire delicatamente i contatti della scheda SD e del lettore con aria compressa o un panno pulito.

2. Ispezione visiva: Controllare il lettore per eventuali danni fisici o piegature dei contatti.

3. Aggiornamenti software: Verificare se sono disponibili aggiornamenti del firmware del dispositivo che potrebbero risolvere problemi noti di compatibilità con le schede SD.

16.2 Sostituzione del Lettore

1. Smontaggio: Rimuovere il coperchio posteriore e individuare il lettore di schede SD.

2.   Scollegamento: Scollegare il lettore dalla scheda madre.
3.   Rimozione: Rimuovere il lettore difettoso e sostituirlo con uno nuovo.
4.   Installazione del nuovo lettore: Collegare il nuovo lettore alla scheda madre e fissarlo nella sua posizione.
5.   Rimontaggio: Ricollegare il coperchio posteriore e verificare che il nuovo lettore legga correttamente le schede SD.

Riparazione del Motore di Vibrazione
17.1 Problemi Comuni
I problemi comuni con il motore di vibrazione includono malfunzionamenti, rumori anomali o mancanza di vibrazione.
1.   Diagnosi: Verificare se il problema è causato da un'opzione disattivata nelle impostazioni o da un vero malfunzionamento del motore.
2.   Ispezione visiva: Controllare il motore di vibrazione per eventuali danni fisici o oggetti estranei che potrebbero ostacolarne il funzionamento.
17.2 Sostituzione del Motore
1.   Smontaggio: Rimuovere il coperchio posteriore e individuare il motore di vibrazione.
2.   Scollegamento: Scollegare il motore dalla scheda madre.
3.   Rimozione: Rimuovere il motore difettoso e sostituirlo con uno nuovo.
4.   Installazione del nuovo motore: Collegare il nuovo motore alla scheda madre e fissarlo nella sua posizione.
5.   Rimontaggio: Ricollegare il coperchio posteriore e verificare che il nuovo motore funzioni correttamente.

Riparazione del Sistema di Raffreddamento
18.1 Problemi di Surriscaldamento
I problemi di surriscaldamento possono essere causati da un sistema di raffreddamento inefficiente o da un'eccessiva accumulazione di polvere.
1.   Pulizia: Pulire delicatamente le ventole e le griglie di ventilazione con aria compressa o un panno pulito.
2.   Sostituzione delle paste termiche: Rimuovere vecchie paste termiche e applicare nuova pasta termica sul processore e sulla GPU.

3. Sostituzione dei moduli di raffreddamento: Se le ventole non girano correttamente o sono danneggiate, sostituirle con nuove.

Riparazione del Sistema di Sblocco Facciale
19.1 Diagnosi dei Problemi
I problemi di sblocco facciale possono essere causati da problemi software, malfunzionamenti del sensore o danni ai componenti.
1. Diagnosi software: Verificare se il problema è causato da un'applicazione o da un aggiornamento del sistema operativo.
2. Ispezione visiva: Controllare il sensore di sblocco facciale per eventuali danni fisici.
19.2 Sostituzione del Modulo
1. Smontaggio: Rimuovere il coperchio posteriore e individuare il modulo di sblocco facciale.
2. Scollegamento: Scollegare il modulo dalla scheda madre.
3. Rimozione: Rimuovere il modulo difettoso e sostituirlo con uno nuovo.
4. Installazione del nuovo modulo: Collegare il nuovo modulo alla scheda madre e fissarlo nella sua posizione.
5. Rimontaggio: Ricollegare il coperchio posteriore e verificare che il nuovo modulo di sblocco facciale funzioni correttamente.
20. Riparazione del Flash
20.1 Problemi di Funzionamento
I problemi di funzionamento del flash possono includere la mancata accensione, l'illuminazione inconsistente o la man

18.3 Sostituzione dei Moduli di Raffreddamento
La sostituzione dei moduli di raffreddamento è una procedura avanzata e può essere necessaria se il sistema di raffreddamento del dispositivo non funziona correttamente.
1. Smontaggio: Rimuovere il coperchio posteriore e individuare i moduli di raffreddamento.
2. Scollegamento: Scollegare i cavi elettrici e i connettori dei moduli dalla scheda madre.
3. Rimozione: Rimuovere i moduli di raffreddamento difettosi con attenzione.

4.   Installazione dei nuovi moduli: Inserire i nuovi moduli di raffreddamento nei loro alloggiamenti e collegarli alla scheda madre.

5.   Rimontaggio: Ricollegare il coperchio posteriore e verificare che il sistema di raffreddamento funzioni correttamente.

19. Riparazione del Sistema di Sblocco Facciale
19.1 Diagnosi dei Problemi

I problemi con il sistema di sblocco facciale possono essere causati da problemi software, danni hardware o malfunzionamenti del sensore.

1.   Diagnosi software: Verificare se il problema è dovuto a un aggiornamento del sistema operativo o a un'applicazione.

2.   Ispezione hardware: Controllare il sensore di sblocco facciale per danni fisici o contaminazioni.

19.2 Sostituzione del Modulo

1.   Smontaggio: Rimuovere il coperchio posteriore e individuare il modulo di sblocco facciale.

2.   Scollegamento: Scollegare il modulo dalla scheda madre.

3.   Rimozione: Rimuovere il modulo difettoso con attenzione.

4.   Installazione del nuovo modulo: Collegare il nuovo modulo alla scheda madre e fissarlo nella sua posizione.

5.   Rimontaggio: Ricollegare il coperchio posteriore e verificare che il nuovo modulo di sblocco facciale funzioni correttamente.

20. Riparazione del Flash
20.1 Problemi di Funzionamento

I problemi di funzionamento del flash possono includere la mancata accensione, l'illuminazione inconsistente o la mancanza di potenza.

1.   Diagnosi: Verificare se il problema è dovuto a impostazioni errate, danni hardware o problemi software.

2.   Ispezione visiva: Controllare il flash per danni fisici o contaminazioni.

3.   Test del funzionamento: Prova a utilizzare il flash in varie situazioni per identificare il problema specifico.

20.2 Sostituzione del Modulo Flash

1.   Smontaggio: Rimuovere il coperchio posteriore e individuare il modulo flash.

2.   Scollegamento: Scollegare il modulo flash dalla scheda madre.

3.   Rimozione: Rimuovere il modulo difettoso con attenzione.
4.   Installazione del nuovo modulo: Collegare il nuovo modulo alla scheda madre e fissarlo nella sua posizione.
5.   Rimontaggio: Ricollegare il coperchio posteriore e verificare che il nuovo modulo flash funzioni correttamente.

21. Riparazione del Connettore per le Cuffie
21.1 Problemi Comuni
I problemi comuni con il connettore per le cuffie includono la mancanza di audio, audio distorto o intermittente.
1.   Diagnosi: Verificare se il problema è specifico delle cuffie o del dispositivo.
2.   Pulizia: Pulire delicatamente il connettore con aria compressa o un panno pulito.
3.   Ispezione visiva: Controllare il connettore per danni fisici o contaminazioni.
21.2 Sostituzione del Connettore
1.   Smontaggio: Rimuovere il coperchio posteriore e individuare il connettore per le cuffie.
2.   Scollegamento: Scollegare il connettore dalla scheda madre.
3.   Rimozione: Rimuovere il connettore difettoso con attenzione.
4.   Installazione del nuovo connettore: Collegare il nuovo connettore alla scheda madre e fissarlo nella sua posizione.
5.   Rimontaggio: Ricol

22. Riparazione della Ricezione Wi-Fi
22.1 Problemi di Connessione
I problemi di connessione Wi-Fi possono essere causati da interferenze, configurazioni errate, problemi hardware o segnale debole.
1.   Diagnosi: Verificare se altri dispositivi sono in grado di connettersi alla stessa rete Wi-Fi per determinare se il problema è specifico del dispositivo.
2.   Reset del router: Riavviare il router per risolvere eventuali problemi temporanei nella rete.
3.   Configurazione del dispositivo: Verificare le impostazioni Wi-Fi del dispositivo per assicurarsi che siano corrette.

4.	Controllo delle interferenze: Assicurarsi che non ci siano altri dispositivi o ostacoli che possano interferire con il segnale Wi-Fi.

22.2 Sostituzione del Modulo Wi-Fi

1.	Smontaggio: Rimuovere il coperchio posteriore e individuare il modulo Wi-Fi.
2.	Scollegamento: Scollegare il modulo Wi-Fi dalla scheda madre.
3.	Rimozione: Rimuovere il modulo difettoso con attenzione.
4.	Installazione del nuovo modulo: Collegare il nuovo modulo Wi-Fi alla scheda madre e fissarlo nella sua posizione.
5.	Rimontaggio: Ricollegare il coperchio posteriore e verificare che il nuovo modulo Wi-Fi funzioni correttamente.

23. Riparazione del Bluetooth

23.1 Problemi di Connessione

I problemi di connessione Bluetooth possono essere causati da interferenze, problemi di compatibilità, configurazioni errate o problemi hardware.

1.	Diagnosi: Verificare se il problema è specifico del dispositivo o se si verifica con tutti i dispositivi Bluetooth.
2.	Reset delle impostazioni Bluetooth: Ripristinare le impostazioni Bluetooth del dispositivo per eliminare eventuali problemi di configurazione.
3.	Prova con altri dispositivi: Verificare se il problema persiste utilizzando un altro dispositivo Bluetooth.

23.2 Sostituzione del Modulo Bluetooth

1.	Smontaggio: Rimuovere il coperchio posteriore e individuare il modulo Bluetooth.
2.	Scollegamento: Scollegare il modulo Bluetooth dalla scheda madre.
3.	Rimozione: Rimuovere il modulo difettoso con attenzione.
4.	Installazione del nuovo modulo: Collegare il nuovo modulo Bluetooth alla scheda madre e fissarlo nella sua posizione.
5.	Rimontaggio: Ricollegare il coperchio posteriore e verificare che il nuovo modulo Bluetooth funzioni correttamente.

24. Riparazione del GPS
24.1 Problemi di Localizzazione
I problemi di localizzazione GPS possono essere causati da segnale debole, cattiva ricezione satellitare, problemi software o hardware.
1.   Diagnosi: Verificare se il problema si verifica solo in determinate aree o in modo costante.
2.   Reset delle impostazioni di localizzazione: Ripristinare le impostazioni di localizzazione del dispositivo per eliminare eventuali problemi di configurazione.
3.   Controllo delle impostazioni di precisione: Assicurarsi che le impostazioni di precisione del GPS siano configurate correttamente.
24.2 Sostituzione del Modulo GPS
1.   Smontaggio: Rimuovere il coperchio posteriore e individuare il modulo GPS.
2.   Scollegamento: Scollegare il modulo GPS dalla scheda madre.
3.   Rimozione: Rimuovere il modulo difettoso con attenzione.
4.   Installazione del nuovo modulo: Collegare il nuovo modulo GPS alla scheda madre e fissarlo nella sua posizione.
5.   Rimontaggio: Ricollegare il coperchio posteriore e verificare che il nuovo modulo GPS funzioni correttamente.
25. Riparazione del NFC
25.1 Diagnosi dei Problemi
I problemi con il NFC possono essere causati da impostazioni errate, danni hardware o problemi software.
1.   Diagnosi software: Verificare se il problema è causato da un'applicazione o da un aggiornamento del sistema operativo.
2.   Diagnosi hardware: Controllare il modulo NFC per danni fisici o contaminazioni.
25.2 Sostituzione del Modulo NFC
1.   Smontaggio: Rimuovere il coperchio posteriore e individuare il modulo NFC.
2.   Scollegamento: Scollegare il modulo NFC dalla scheda madre.
3.   Rimozione: Rimuovere il modulo difettoso con attenzione.
4.   Installazione del nuovo modulo: Collegare il nuovo modulo NFC alla scheda madre e fissarlo nella sua posizione.

5.   Rimontaggio: Ricollegare il coperchio posteriore e verificare che il nuovo modulo NFC funzioni correttamente.

26. Riparazione della Carica Wireless
26.1 Problemi di Ricarica

I problemi di ricarica wireless possono essere causati da problemi di contatto, danni al dispositivo di ricarica o problemi software.

1.   Verifica del dispositivo di ricarica: Assicurarsi che il dispositivo di ricarica wireless funzioni correttamente collegandolo ad un altro dispositivo compatibile.

2.   Pulizia dei contatti: Pulire delicatamente i contatti del dispositivo di ricarica e del telefono per rimuovere eventuali sporco o residui.

3.   Diagnosi software: Verificare se il problema è causato da un problema software sul telefono, come un'applicazione che interferisce con la ricarica wireless.

26.2 Sostituzione del Modulo di Carica Wireless

1.   Smontaggio: Rimuovere il coperchio posteriore e individuare il modulo di carica wireless.

2.   Scollegamento: Scollegare il modulo di carica wireless dalla scheda madre.

3.   Rimozione: Rimuovere il modulo difettoso con attenzione.

4.   Installazione del nuovo modulo: Collegare il nuovo modulo di carica wireless alla scheda madre e fissarlo nella sua posizione.

5.   Rimontaggio: Ricollegare il coperchio posteriore e verificare che il nuovo modulo di carica wireless funzioni correttamente.

27. Riparazione del Sensore di Pressione
27.1 Problemi Comuni

I problemi comuni con il sensore di pressione includono misurazioni inaccurate o la mancanza di risposta.

1.   Calibrazione: Verificare se il sensore di pressione richiede una calibrazione per migliorare la precisione.

2.   Pulizia: Pulire delicatamente il sensore per rimuovere eventuali residui o contaminazioni che potrebbero influenzare le misurazioni.

27.2 Sostituzione del Sensore

1.   Smontaggio: Rimuovere il coperchio posteriore e individuare il sensore di pressione.

2. Scollegamento: Scollegare il sensore dalla scheda madre.

3. Rimozione: Rimuovere il sensore difettoso con attenzione.

4. Installazione del nuovo sensore: Collegare il nuovo sensore alla scheda madre e fissarlo nella sua posizione.

5. Rimontaggio: Ricollegare il coperchio posteriore e verificare che il nuovo sensore di pressione funzioni correttamente.

28. Riparazione del Sensore di Temperatura

28.1 Diagnosi dei Problemi

I problemi con il sensore di temperatura possono includere letture errate o la mancanza di risposta.

1. Verifica delle letture: Verificare se le letture di temperatura sono coerenti con le condizioni ambientali.

2. Calibrazione: Se possibile, calibrare il sensore per migliorare la precisione delle misurazioni.

28.2 Sostituzione del Sensore

1. Smontaggio: Rimuovere il coperchio posteriore e individuare il sensore di temperatura.

2. Scollegamento: Scollegare il sensore dalla scheda madre.

3. Rimozione: Rimuovere il sensore difettoso con attenzione.

4. Installazione del nuovo sensore: Collegare il nuovo sensore alla scheda madre e fissarlo nella sua posizione.

5. Rimontaggio: Ricollegare il coperchio posteriore e verificare che il nuovo sensore di temperatura funzioni correttamente.

29. Riparazione del Barometro

29.1 Problemi Comuni

I problemi comuni con il barometro possono includere letture inaccurate dell'altitudine o la mancanza di risposta.

1. Verifica delle letture: Verificare se le letture dell'altitudine sono coerenti con le condizioni ambientali.

2. Calibrazione: Se possibile, calibrare il barometro per migliorare la precisione delle misurazioni.

29.2 Sostituzione del Sensore

1. Smontaggio: Rimuovere il coperchio posteriore e individuare il sensore barometrico.

2. Scollegamento: Scollegare il sensore dalla scheda madre.

3. Rimozione: Rimuovere il sensore difettoso con attenzione.

4. Installazione del nuovo sensore: Collegare il nuovo sensore alla scheda madre e fissarlo nella sua posizione.
5. Rimontaggio: Ricollegare il coperchio posteriore e verificare che il nuovo sensore barometrico funzioni correttamente.

30. Riparazione del Giroscopio
30.1 Problemi di Orientamento
I problemi di orientamento possono essere causati da un giroscopio difettoso che non riesce a rilevare correttamente i cambiamenti di posizione del dispositivo.
1. Calibrazione: Verificare se il problema può essere risolto eseguendo una calibrazione del giroscopio attraverso le impostazioni del dispositivo.
2. Aggiornamenti software: Assicurarsi che il sistema operativo e le applicazioni siano aggiornate all'ultima versione, poiché gli aggiornamenti possono risolvere problemi noti con il giroscopio.
30.2 Sostituzione del Giroscopio
1. Smontaggio: Rimuovere il coperchio posteriore e individuare il giroscopio sul dispositivo.
2. Scollegamento: Scollegare il giroscopio dalla scheda madre.
3. Rimozione: Rimuovere il giroscopio difettoso con cautela.
4. Installazione del nuovo giroscopio: Collegare il nuovo giroscopio alla scheda madre e fissarlo nella sua posizione.
5. Rimontaggio: Ricollegare il coperchio posteriore e verificare che il nuovo giroscopio funzioni correttamente.

31. Riparazione dell'Accelerometro
31.1 Problemi di Movimento
I problemi di movimento possono essere causati da un accelerometro difettoso che non rileva correttamente i cambiamenti di accelerazione del dispositivo.
1. Calibrazione: Verificare se il problema può essere risolto eseguendo una calibrazione dell'accelerometro attraverso le impostazioni del dispositivo.
2. Aggiornamenti software: Assicurarsi che il sistema operativo e le applicazioni siano aggiornate all'ultima versione, poiché gli aggiornamenti possono risolvere problemi noti con l'accelerometro.
31.2 Sostituzione dell'Accelerometro

1. Smontaggio: Rimuovere il coperchio posteriore e individuare l'accelerometro sul dispositivo.
2. Scollegamento: Scollegare l'accelerometro dalla scheda madre.
3. Rimozione: Rimuovere l'accelerometro difettoso con cautela.
4. Installazione del nuovo accelerometro: Collegare il nuovo accelerometro alla scheda madre e fissarlo nella sua posizione.
5. Rimontaggio: Ricollegare il coperchio posteriore e verificare che il nuovo accelerometro funzioni correttamente.

32. Riparazione del Magnetometro
32.1 Problemi di Bussola

I problemi di bussola possono essere causati da un magnetometro difettoso che non rileva correttamente il campo magnetico terrestre.

1. Calibrazione: Verificare se il problema può essere risolto eseguendo una calibrazione del magnetometro attraverso le impostazioni del dispositivo.
2. Aggiornamenti software: Assicurarsi che il sistema operativo e le applicazioni siano aggiornate all'ultima versione, poiché gli aggiornamenti possono risolvere problemi noti con il magnetometro.

32.2 Sostituzione del Magnetometro

1. Smontaggio: Rimuovere il coperchio posteriore e individuare il magnetometro sul dispositivo.
2. Scollegamento: Scollegare il magnetometro dalla scheda madre.
3. Rimozione: Rimuovere il magnetometro difettoso con cautela.
4. Installazione del nuovo magnetometro: Collegare il nuovo magnetometro alla scheda madre e fissarlo nella sua posizione.
5. Rimontaggio: Ricollegare il coperchio posteriore e verificare che il nuovo magnetometro funzioni correttamente.

33. Riparazione della RAM
33.1 Problemi di Prestazioni
I problemi di prestazioni possono essere causati da una RAM difettosa che non riesce a gestire correttamente i processi del dispositivo.

1. Diagnosi: Utilizzare software di diagnostica per verificare se ci sono problemi con la RAM.
2. Aggiornamenti software: Assicurarsi che il sistema operativo e le applicazioni siano aggiornate all'ultima versione, poiché gli aggiornamenti possono risolvere problemi noti con la gestione della RAM.

33.2 Sostituzione della RAM

1. Smontaggio: Rimuovere il coperchio posteriore e individuare i moduli di RAM sul dispositivo.
2. Scollegamento: Scollegare i moduli di RAM dalla scheda madre.
3. Rimozione: Rimuovere i moduli di RAM difettosi con cautela.
4. Installazione della nuova RAM: Inserire i nuovi moduli di RAM nei loro slot sulla scheda madre.
5. Rimontaggio: Ricollegare il coperchio posteriore e verificare che la nuova RAM funzioni correttamente.

34. Riparazione della Memoria Interna
34.1 Problemi di Archiviazione

I problemi di archiviazione possono includere la mancanza di spazio disponibile, errori durante la lettura/scrittura dei dati o la perdita di dati.

1. Diagnosi: Utilizzare strumenti di diagnostica per verificare l'integrità della memoria interna e individuare eventuali errori.
2. Pulizia dei dati: Rimuovere file non necessari o spostare dati su un'altra unità di archiviazione per liberare spazio.
3. Formattazione: Se i problemi persistono, è possibile provare a formattare la memoria interna, ma assicurarsi di eseguire il backup dei dati importanti prima di procedere.

34.2 Sostituzione della Memoria Interna

1. Verifica della compatibilità: Assicurarsi che il nuovo modulo di memoria sia compatibile con il dispositivo.
2. Smontaggio: Rimuovere il coperchio posteriore e individuare la memoria interna sul dispositivo.
3. Scollegamento: Scollegare la memoria interna dalla scheda madre.
4. Rimozione: Rimuovere la memoria interna difettosa con cautela.
5. Installazione della nuova memoria: Collegare la nuova memoria alla scheda madre e fissarla nella sua posizione.
6. Rimontaggio: Ricollegare il coperchio posteriore e verificare che la nuova memoria interna funzioni correttamente.

35. Riparazione della GPU
35.1 Problemi di Grafica

I problemi di grafica possono includere artefatti visivi, schermate nere o rallentamenti durante l'utilizzo di applicazioni graficamente intense.

1. Diagnosi: Utilizzare software di diagnostica per verificare se ci sono problemi con la GPU.
2. Aggiornamenti driver: Assicurarsi che i driver della GPU siano aggiornati all'ultima versione disponibile.
3. Controllo della temperatura: Verificare se la GPU sta surriscaldando e, se necessario, pulire o sostituire il sistema di raffreddamento.

35.2 Sostituzione della GPU

1. Verifica della compatibilità: Assicurarsi che la nuova GPU sia compatibile con il dispositivo.
2. Smontaggio: Rimuovere il coperchio posteriore e individuare la GPU sul dispositivo.
3. Scollegamento: Scollegare la GPU dalla scheda madre.
4. Rimozione: Rimuovere la GPU difettosa con cautela.
5. Installazione della nuova GPU: Collegare la nuova GPU alla scheda madre e fissarla nella sua posizione.
6. Rimontaggio: Ricollegare il coperchio posteriore e verificare che la nuova GPU funzioni correttamente.

36. Riparazione del Processore
36.1 Problemi di CPU
I problemi di CPU possono includere surriscaldamento, rallentamento delle prestazioni o crash del sistema.
1.   Diagnosi: Utilizzare software di diagnostica per verificare se ci sono problemi con la CPU.
2.   Controllo della temperatura: Verificare se la CPU sta surriscaldando e, se necessario, pulire o sostituire il sistema di raffreddamento.
3.   Aggiornamenti del BIOS: Assicurarsi che il BIOS sia aggiornato all'ultima versione disponibile.
36.2 Sostituzione del Processore
1.   Verifica della compatibilità: Assicurarsi che il nuovo processore sia compatibile con il socket della scheda madre.
2.   Smontaggio: Rimuovere il dissipatore di calore e la ventola della CPU, quindi rimuovere il processore dalla scheda madre.
3.   Installazione del nuovo processore: Inserire il nuovo processore nel socket della scheda madre e applicare pasta termica.
4.   Montaggio del dissipatore di calore: Riapplicare il dissipatore di calore e la ventola sulla CPU.
5.   Rimontaggio: Ricollegare il coperchio posteriore e verificare che il nuovo processore funzioni correttamente.

37. Riparazione del Modulo di Rete Mobile
37.1 Problemi di Connettività
I problemi di connettività di rete mobile possono includere la mancanza di segnale, la caduta delle chiamate o la lentezza della connessione dati.
1.   Diagnosi: Verificare se il problema si verifica solo in determinate aree o con determinati operatori di rete.
2.   Aggiornamenti software: Assicurarsi che il sistema operativo e le impostazioni di rete siano aggiornati all'ultima versione disponibile.
37.2 Sostituzione del Modulo di Rete
1.   Smontaggio: Rimuovere il coperchio posteriore e individuare il modulo di rete mobile sul dispositivo.
2.   Scollegamento: Scollegare il modulo di rete dalla scheda madre.
3.   Rimozione: Rimuovere il modulo difettoso con cautela.

4. Installazione del nuovo modulo di rete: Collegare il nuovo modulo di rete alla scheda madre e fissarlo nella sua posizione.
5. Rimontaggio: Ricollegare il coperchio posteriore e verificare che il nuovo modulo di rete funzioni correttamente.

38. Riparazione del Modulo 5G
38.1 Problemi di Connessione 5G
I problemi di connessione 5G possono includere la mancanza di segnale, la lentezza della connessione o la caduta della connessione.
1. Diagnosi: Verificare se il problema si verifica solo in determinate aree o con determinati dispositivi.
2. Aggiornamenti software: Assicurarsi che il sistema operativo e le impostazioni di rete siano aggiornati all'ultima versione disponibile.
3. 39.2 Sostituzione del Modulo
4. Smontaggio: Rimuovere il coperchio posteriore e individuare il modulo difettoso sul dispositivo.
5. Scollegamento: Scollegare il modulo dalla scheda madre.
6. Rimozione: Rimuovere il modulo difettoso con cautela.
7. Installazione del nuovo modulo: Collegare il nuovo modulo alla scheda madre e fissarlo nella sua posizione.
8. Rimontaggio: Ricollegare il coperchio posteriore e verificare che il nuovo modulo funzioni correttamente.
9. **40. Riparazione del Modulo 3G**
10. **40.1 Problemi di Connessione 3G**
11. I problemi di connessione 3G possono includere la mancanza di segnale, la lentezza della connessione o la caduta della connessione.
12. Diagnosi: Verificare se il problema si verifica solo in determinate aree o con determinati dispositivi.
13. Aggiornamenti software: Assicurarsi che il sistema operativo e le impostazioni di rete siano aggiornati all'ultima versione disponibile.
14. 40.2 Sostituzione del Modulo
15. Procedere con la sostituzione del modulo seguendo gli stessi passaggi descritti per la sostituzione del modulo generico.
16. **41. Riparazione del Modulo 2G**
17. **41.1 Problemi di Connessione 2G**

18.   I problemi di connessione 2G possono includere la mancanza di segnale, la lentezza della connessione o la caduta della connessione.

19.   Diagnosi: Verificare se il problema si verifica solo in determinate aree o con determinati dispositivi.

20.   Aggiornamenti software: Assicurarsi che il sistema operativo e le impostazioni di rete siano aggiornati all'ultima versione disponibile.

21.   41.2 Sostituzione del Modulo

22.   Procedere con la sostituzione del modulo seguendo gli stessi passaggi descritti per la sostituzione del modulo generico.

23.   42. Riparazione del Circuito di Alimentazione

24.   42.1 Problemi di Alimentazione

25.   I problemi di alimentazione possono includere il malfunzionamento dell'accensione, il surriscaldamento o la mancanza di alimentazione al dispositivo.

26.   Diagnosi: Verificare se ci sono problemi con il circuito di alimentazione utilizzando strumenti di diagnostica.

27.   Controllo dei componenti: Ispezionare i componenti del circuito di alimentazione per eventuali danni o surriscaldamento.

28.   42.2 Sostituzione del Circuito

29.   Verifica della compatibilità: Assicurarsi che il nuovo circuito di alimentazione sia compatibile con il dispositivo.

30.   Smontaggio: Rimuovere il coperchio posteriore e individuare il circuito di alimentazione sul dispositivo.

31.   Scollegamento: Scollegare il circuito di alimentazione dalla scheda madre.

32.   Rimozione: Rimuovere il circuito difettoso con cautela.

33.   Installazione del nuovo circuito: Collegare il nuovo circuito di alimentazione alla scheda madre e fissarlo nella sua posizione.

34.   Rimontaggio: Ricollegare il coperchio posteriore e verificare che il nuovo circuito di alimentazione funzioni correttamente.

43. Riparazione della Retroilluminazione

43.1 Problemi di Illuminazione

35.   I problemi di illuminazione possono includere schermi bui o con luminosità inconsistente.

36.   Diagnosi: Verificare se il problema è causato dalla retroilluminazione del display utilizzando strumenti di diagnostica.

37.   Controllo dei connettori: Verificare che i connettori della retroilluminazione siano collegati correttamente.

43.2 Sostituzione del Modulo di Retroilluminazione

38.   Verifica della compatibilità: Assicurarsi che il nuovo modulo di retroilluminazione sia compatibile con il display del dispositivo.

39.   Smontaggio: Rimuovere il coperchio posteriore e individuare il modulo di retroilluminazione sul dispositivo.

40.   Scollegamento: Scollegare il modulo di retroilluminazione dalla scheda madre.

41.   Rimozione: Rimuovere il modulo difettoso con cautela.

42.   Installazione del nuovo modulo: Collegare il nuovo modulo di retroilluminazione alla scheda madre e fissarlo nella sua posizione.

43.   Rimontaggio: Ricollegare il coperchio posteriore e verificare che il nuovo modulo di retroilluminazione funzioni correttamente.

44.   **Riparazione del Sensore di Impronte Digitali (Touch ID)**

o   44.1 Diagnosi dei Problemi: Questo passaggio implica l'individuazione e l'analisi dei problemi che riguardano il funzionamento del sensore di impronte digitali. Potrebbe includere test di funzionamento, ispezioni visive e analisi software per identificare il motivo per cui il sensore non funziona correttamente.

o   44.2 Sostituzione del Sensore: Se la diagnosi rivela che il sensore è danneggiato o non funziona correttamente, questo passaggio prevede la sua sostituzione. Ciò potrebbe richiedere la rimozione di componenti circostanti e l'installazione di un nuovo sensore di impronte digitali.

45.   Riparazione del Sistema di Riconoscimento Facciale (Face ID)

o   45.1 Diagnosi dei Problemi: Simile al passaggio 44.1, questo passaggio comporta l'identificazione e l'analisi dei problemi relativi al sistema di riconoscimento facciale. Si tratta di individuare eventuali malfunzionamenti o difetti che impediscono al sistema di funzionare correttamente.

o   45.2 Sostituzione del Modulo: Se la diagnosi indica che il modulo del sistema di riconoscimento facciale è danneggiato o non funziona, questo passaggio implica la sua sostituzione. Come nel caso del sensore di impronte digitali, potrebbe essere necessario rimuovere parti circostanti e installare un nuovo modulo per ripristinare la funzionalità del Face ID.

46.   Riparazione dei Componenti di Ricarica Rapida

o   **46.1 Problemi di Ricarica**:

Questo passaggio coinvolge l'individuazione e l'analisi dei problemi che possono verificarsi durante il processo di ricarica rapida. Potrebbe includere problemi come la mancata ricarica, ricarica lenta, surriscaldamento durante la ricarica o altri malfunzionamenti correlati alla ricarica rapida.

o   45.2 Sostituzione dei Componenti: Se la diagnosi rivela che i componenti responsabili della ricarica rapida sono danneggiati o non funzionano correttamente, questo passaggio prevede la sostituzione di tali componenti. Ciò può includere parti come il caricatore rapido, il cavo di ricarica, il connettore USB, il circuito di gestione della ricarica o altre componenti coinvolte nel processo di ricarica rapida.